글 _ 무키를 닮은 물리학자 **김상욱**

**조용히 따라가다 보면,
엄청난 우주의 신비를 알게 됩니다.**

1970년 서울에서 태어났습니다. 고등학생 때 양자물리학자가 되기로 마음먹은 후, 카이스트 물리학과를 졸업하고 같은 대학원에서 '상대론적 혼돈 및 혼돈계의 양자 국소화에 관한 연구'로 박사학위를 받았습니다. 이후 포스텍, 카이스트, 독일 막스-플랑크 복잡계 연구소 연구원, 서울대 BK조교수, 2004년부터 2018년까지 부산대 물리교육과 교수를 역임하고, 현재 경희대학교 물리학과 교수로 재직 중입니다. 다른 사람들과 앎을 공유하는 것을 행복하게 생각합니다. 과학을 널리 알릴수록 사회에 과학적 사고방식이 자리 잡을 것이고, 그러면 이 세상이 좀 더 행복한 곳이 될 거라 믿고 있습니다. 지은 책으로 『영화는 좋은데 과학은 싫다고?』, 『과학수다 1, 2』(공저), 『과학하고 앉아 있네 3, 4』(공저), 『뉴턴의 아틀리에』(공저), 『김상욱의 과학공부』, 『김상욱의 양자 공부』, 『떨림과 울림』 등이 있습니다.

그림 _ 놀을 닮은 웹툰작가 **김진혁**

만화 안에서는 어떤 불가능도 없습니다.

1992년에 태어났고, 현재까지 10년 이상 만화만을 그려온 만화를 정말 좋아하는 그림 작가입니다. 그 동안 웹툰과 독립출판물에 만화를 그렸으며, 이 책은 김진혁 작가가 처음 그리는 어린이 그림책입니다. 어린이들을 위해 공감할 수 있고 당당한 어린이 캐릭터를 탄생시켰고, 긴장감 넘치고 눈을 뗄 수 없는 재미난 여행 길도 만들었습니다. 『읽는 순서』, 『우리는 물이야』에도 그림을 그렸습니다. 사람들은 언제나 재미난 이야기가 나오길 바라고 있다고 믿으며, 재미있는 이야기 만화를 만들어내고 있습니다.

빅뱅 여행을 시작해!

일러두기

- **전기 조심하자.**
  요즘 전자제품 안에 안전 장치가 많이 되어 있지만, 콘센트를 맨손으로 직접 만지면 절대 안 돼. 사람의 몸은 도체야. 전기가 통하는 물질이지. 그래서 전기가 닿으면 몸이 상하게 될 거야. 책을 통해 상상의 여행을 하길 바란다. 전기는 편리한 만큼 조심할 것도 많지.

- **전기 아껴쓰자.**
  에너지는 우주 어디에나 있지만, 우리가 생활에서 쓰는 에너지는 전기의 형태로 쓰고 있어. 왜 아껴야 하냐고? 열 에너지를 전기 에너지로 바꿀 때에 많은 열이 발생해. 그냥 공기 중으로 빠져나가는 양이 많아. 그렇게 빠져나간 에너지는 재활용이 안 돼. 그리고 발전소에서 전기를 만들면서 나오는 부산물들은 지구의 온난화를 부추긴다는 것 알고 있지? 오랫동안 쓰기 위해, 그리고 지구를 깨끗하게 지키기 위해 전기를 아껴야 해.

- 이 책의 내용은 물리학자 김상욱 교수님의 책을 토대로 했어. 『김상욱의 과학 공부』(동아시아, 2016) '스마트폰과 빅뱅'이란 글이야. 이 책과 함께 읽어 봐. 과학 공부뿐만 아니라 생각하는 방법과 태도도 배울 수 있어.

빅 히스토리로 시작하는
물리 공부

빅뱅 여행을 시작해!

김상욱 지음 | 김진혁 그림

아이들은 자연이다

게임기를 쓰려면 전기를 켜야 해.
스위치를 누르면
전선 속의 전류가 게임기 안으로 들어오지.

우리는 날마다 전기를 사용해.

전기는 우리 집까지 어떻게 왔을까?

힘이 센 전기는
아주 굵은 전선을 따라 우리 집까지 흘러왔어.
집에 오기 전에 전류의 힘은 무척 커.
전압이 수천 배, 수만 배 높지.

안전하게 옮기기 위해
굵은 전선과 송전탑을 만들어.

힘이 센 전기는 어디서 왔을까?

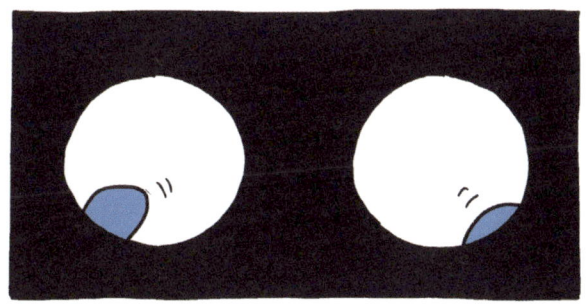

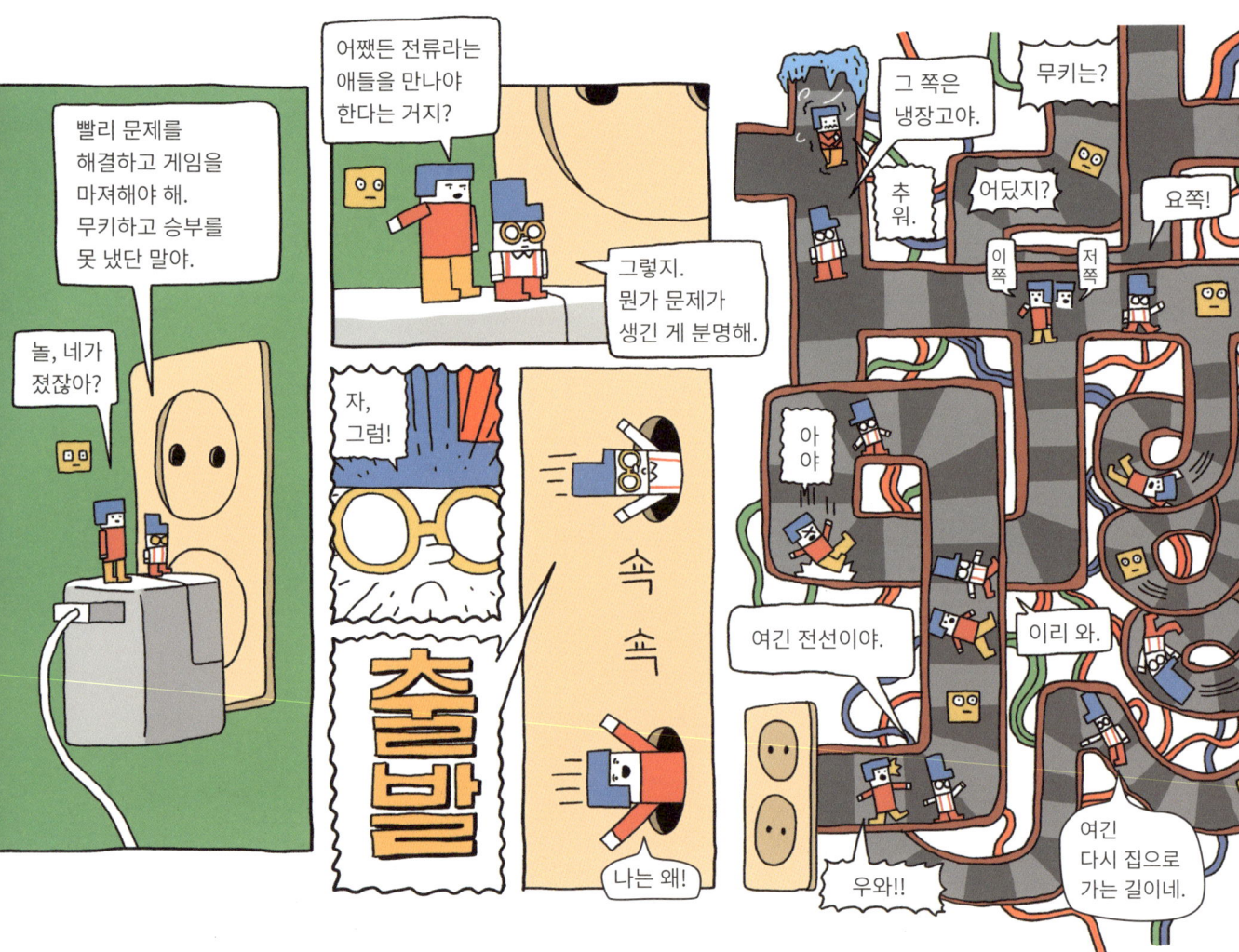

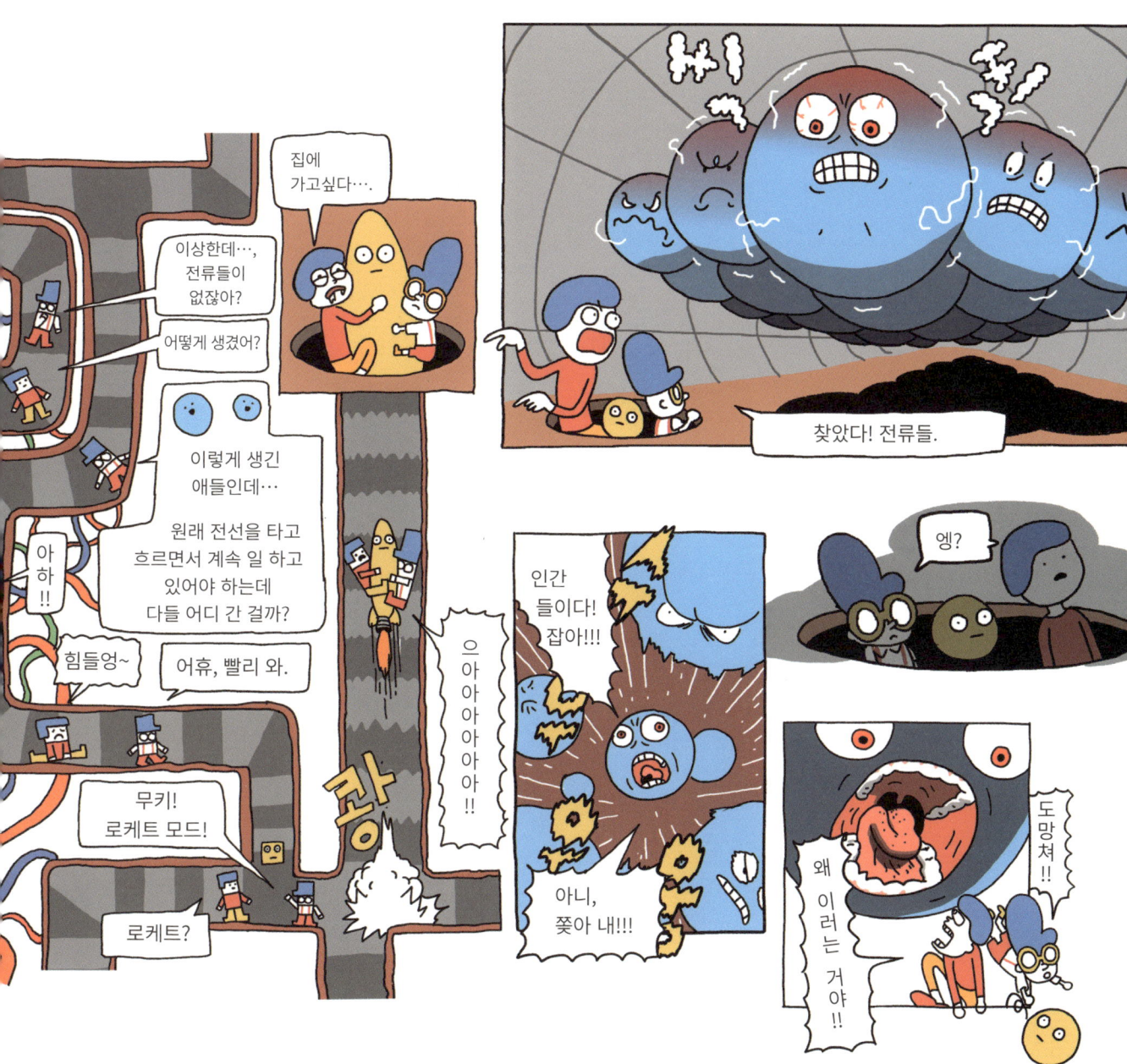

힘이 센 전기는 발전소에서 왔어.

발전소에서는 어떻게 전기를 만들까?

발전소에는 거대한 발전기가 있어.
석탄을 태워 수증기를 발생시키고,
수증기의 힘으로 발전기를 돌려서 전기를 만들어.

발전기의 힘은 라면을 끓일 때에
뚜껑이 덜컹거리며 움직이는 원리와 비슷해.
우리나라의 전기는
주로 화력 발전소에서 만들고 있어.

화력 발전소를 움직이는 힘은 석탄이야.

그럼 석탄의 에너지는 어디서 왔을까?

석탄은 깊은 땅속에 있어.
구멍을 뚫고 들어가서 캐내야 하지.

석탄은 왜 땅속에 있을까?

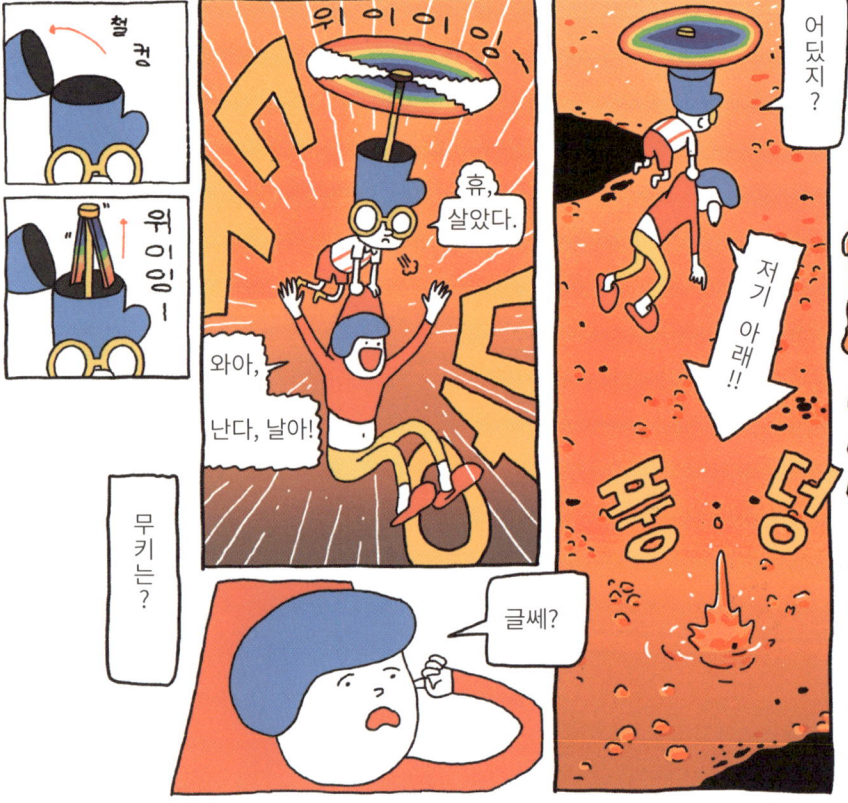

석탄은 3억 년 전에 만들어지기 시작했어.
공룡이 나타나기 전이야.

3억 년 전 식물들은 고사리처럼 생겼는데 아주 커다란 나무로 자랐어. 무럭무럭 부쩍부쩍 자랐지.

뿌리가 약한 고생대의 나무들이 쓰러졌고
엄청나게 많은 식물이 땅에 묻혔어.
이때에는 나무를 썩게 할 미생물이 없어서
썩지 않고 오랫동안 땅에 묻히게 되었지.
커다란 나무들이 뜨거운 땅속에서
눌리고 변형되어 석탄이 된 거야.
석탄은 식물에서 온 거였어!

식물은 어떻게 무럭무럭 자랐을까?

식물이 자라려면 물과 햇볕이 필요해.

태양빛의 강력한 힘을 받아 식물은 푸른 잎에서
광합성을 해. 스스로 에너지를 만들지.
석탄에 들어 있는 에너지는 태양에서 왔어.

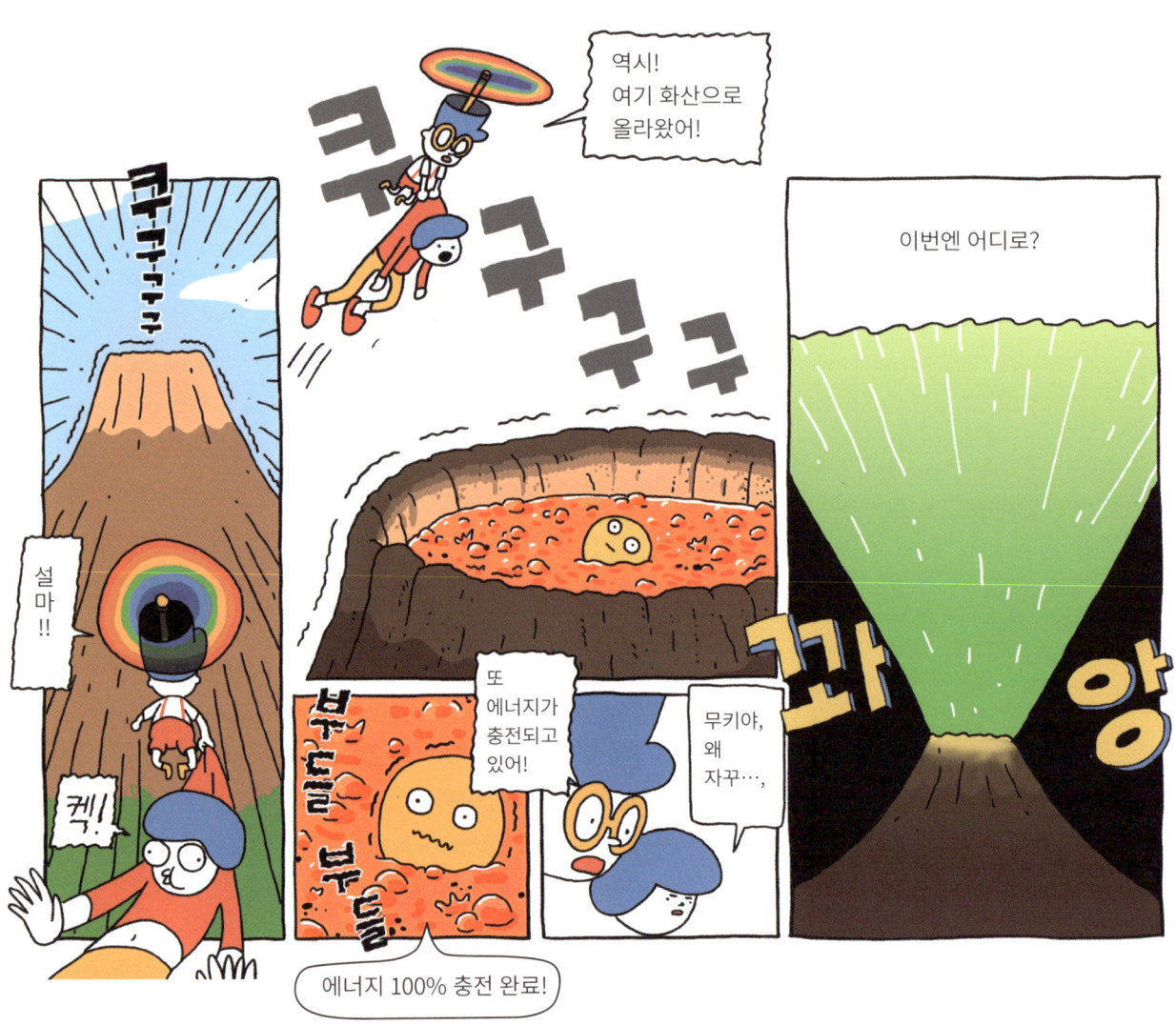

그렇다면
태양은 어떻게 생겨났을까?

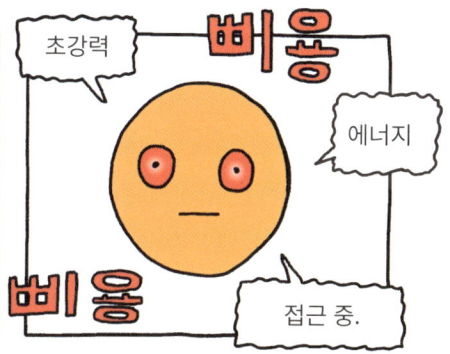

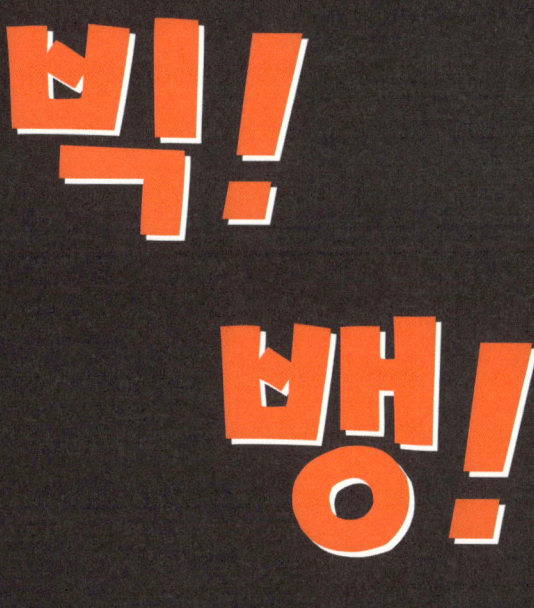

138억 년 전 커다란 폭발이 있었어.
빅뱅은 무지무지 커다란 힘의 폭발이었어.

처음에는 조그만 점처럼 아주아주 작았지만
짧은 사이에 커다랗게 팽창했지.

빅뱅으로 우주는 태어났고
단 한순간도 쉬지 않고 움직이고 있지.

우주는 시간이 흐르고 무언가 생겨나고
반짝거리고 따듯하고
다양하고 아름다운 곳이 되어 가고 있어.

**태양의 에너지는 바로
빅뱅 때에 생긴 수소야.**

태양은 수소 덩어리지.
수소들이 합쳐지고 부딪히면서
엄청난 에너지가 쏟아져 나와.
태양은 뜨거운 기체 덩어리들이
계속 폭발을 하고 있는 거야.

빅뱅 이후 한참 지나,
태양이 생겨났어. 지구도 함께.

태양이 생긴 것은
지금으로부터 46억 년 전이야.

현재 에너지는 대부분 석탄, 석유, 천연가스에서 얻고 있어. 석탄은 식물이, 석유와 천연가스는 동물이 땅속에서 변해서 만들어진 것으로 '화석 연료'라고 해. 화석 연료는 바닥나고 있어. 그리고 새로 생기지도 않지. 화석 연료는 태워서 에너지로 바꾸는데, 그때 여러 가지 해로운 기체가 나와. 몸에 해로운 미세먼지의 원인이 되기도 해. 그래서 과학자들은 다른 에너지원을 찾고 있어. 오래 쓸 수 있고 에너지가 많이 나오고 공해가 적은 에너지를.

도시에서 쓸 수 있는 에너지는 뭐가 있을까. 파도나 폭포처럼 물의 움직임이 큰 곳이 없어서 수력 발전은 어려워. 센 바람이 늘 불어오는 산등성이나 바닷가가 아니라서 풍력 발전도 안 되겠군. 핵분열로 에너지를 만드는 핵융합 발전소는 전기를 만들고 난 뒤에 나오는 쓰레기가 아주 위험하고, 폭발하면 생명이 위험하기 때문에 우리나라에서는 점점

줄여가는 중이지. 그렇다면 내가 사는 도시에서 만들 수 있는 발전소는 바로 태양광 발전이지.

 현재 지구의 빛 에너지는 모두 태양에서 오고 있어. 태양은 빛을 내는 항성(별)이고, 앞으로 70억 년 동안 꺼질 일이 없다니 태양을 이용하는 게 좋겠지. 지구는 태양 주위를 돌고 있는 행성이잖아. 365일 언제나.

아 참, 똥을 이용하면 좋은데, 화장실의 똥도 집집마다 날마다 생기는 지속 가능한 에너지 재료인데 말이지. 변기에 넣어서 집집마다 쓸 수 있는 초소형 발전기를 만들고 싶군. 언젠가 꼭 만들어 보겠어.

뚝딱뚝딱!

 아파트 전체가 쓸 수 있게, 큰 태양광 발전기를 만들었어요.

 이거 하나로 우리 아파트 전체가 다 쓸 수 있다고?

 낮에 건전지에 꽉 채워 두고, 손실을 적게 하면 가능해요. 현재에도 전류가 발전소에서 집까지 이동할 때에 전기가 줄거나 공중으로 날아가거든요. 아주 성능이 좋은 건전지를 만들었어요.

 그런데 언제 이렇게 전기를 잘 알게 된 거니?

 빅뱅…, 때부터?

 쩝. 그래, 수고했다.

이제 게임해도 되죠?

충전을 해 볼까?
아니지,
빅뱅과 연결해 볼까?

빅뱅 이전에는 무엇이 있었냐고?
우리는 빅뱅까지 알고 있어.
빅뱅 이전은 아직 아무도 몰라.
우리가 쓰는 전기가
빅뱅과 연결되어 있다는 건 알고 있지.

빅뱅은 우주를 켠 스위치야.

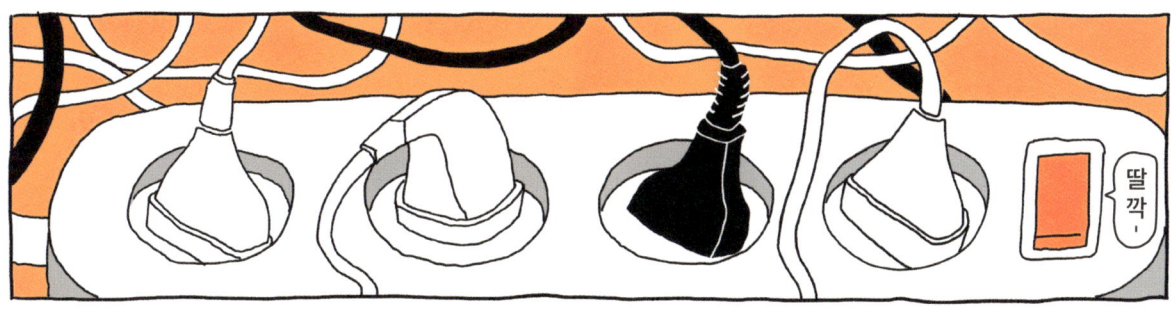

 무키, 왜 **빅뱅**까지 간 거야?
빅뱅이 우리랑 무슨 상관이지?

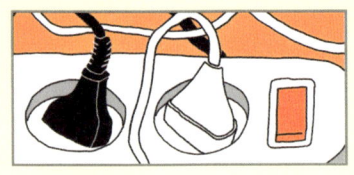

● 전기는 벽에서 나와.
콘센트만 꽂으면 돼.
보이는대로 관찰한 거야. 맞는 말이지.
그러면 질문을 해 보자.
우리 집 벽에 있는 전기는 어디서 왔을까?

● 변압기는 전압을 바꾸는 기기야.
전봇대를 보면 변압기가 있어.
발전소에서 전깃줄을 타고 온 전기를
전자기기에 알맞은 220볼트*로
바꾸어 주지.
　* 볼트(V). 전압의 크기를 나타내기
　　위해 쓰는 단위

● 발전소에서는 석탄과 같은 연료를 이용해서
수천 볼트에 이르는 고전압 전류를 만들어.
전압을 수십만 볼트까지 올린 다음에
송전선으로 보내는데, 전기 손실을 막으려고
그렇게 하는 거야.
송전탑을 높게 만든 뒤에 높은 전류를
집집마다 보내.

● 발전소에서 쓰는 석탄은
땅속 깊은 곳에 있어.
3억 년 전 식물이 분해되지 않고
그대로 땅에 묻혀 눌리고 변형되어
석탄이 되었어.

- 석탄은 식물이었어. 3억 년 전 지구에 아주 많은 식물들이 땅속에 묻히며 만들어졌어.
  식물들이 에너지를 만들 때에는 반드시 태양빛이 필요해.
  석탄은 태양 에너지를 품은 식물이 땅에 묻힌 거지.

- 태양은 46억 년 전에 태어났어.
  수소 덩어리인 태양은 아주 뜨거운데,
  수소들이 부딪히고 새로운 물질을 만들면서
  지금도 엄청난 에너지를 만들어 내고 있지.
  태양을 만든 수소는 어디서 왔을까?

- 태양을 이루는 수소는 빅뱅으로 생겨났어.
  수소는 우주가 탄생하고 나서 생긴 첫 번째 원소야.
  가장 간단하게 생겼고, 우주에 가장 많지.
  태양의 에너지는 빅뱅에서 시작되었어.
  우리 몸에서 가장 많은 원소도 수소야.
  우리도 빅뱅에서 시작되었지.

우리가 쓰는 모든 물질과 에너지는 결국 **빅뱅**과 연결되는 거야.

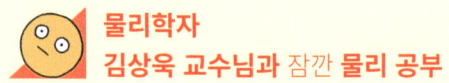
물리학자
김상욱 교수님과 잠깐 **물리 공부**

어린이들의 행복을 생각하는 과학 공부

● **끊어지면 안 돼**

물리 하면 운동, 힘(에너지) 등을 계산하는 어려운 문제를 떠올리는 어른들이 많아요. 물리 교과서가 그렇게 시작되니까요. 물리는 운동, 즉 우주의 모든 움직임을 연구해요. 전기도 그 중 하나입니다. 우리는 전기 없이 살 수 없습니다. 전기 없이 얼마나 버틸 수 있을지 잠깐만 생각해 봐도 알 수 있어요.

물리는 어렵기만 한 것은 아니에요. 물리는 알고 보면 교과서가 아니라 우리 생활 속에 있어요. 그런데 우리는 날마다 쓰는 전기도 잘 모릅니다. 언제나 꾸준히 제공되고 있기 때문일 거예요. 눈에 보이지도 않고요. 벽에 콘센트만 꽂으면 전기는 언제나 쓸 수 있지요.

게임기나 핸드폰의 전기 에너지를 제대로 이해하려면 물리, 화학, 생물학, 천문학이 모두 필요해요. 이 책에서 본 것 같이 콘센트, 변압기, 전깃줄, 발전소, 석탄, 식물, 태양, 수소, 빅뱅이 이어져 있기 때문이죠. 이 연결 고리에서 어느 한 곳이라도 끊어진다면 현재의 문명은 유지되기 어렵습니다.

우리는 지금 빅뱅의 에너지로 전깃불을 밝히고, 게임을 하고, 책을 만들고, 눈동자를 움직여서 책을 읽을 수 있는 거랍니다. 언뜻 봐서는 아무런 관련이 없을 것 같은 빅뱅과 전기기기가 연관이 있다는 것을 이 책을 보면 실감할 수 있었을 거예요. 모든 것은 빅뱅에서 시작되었으며, 빅뱅에서 시작하는 역사를 '빅 히스토리'라고 합니다.

우리나라에서 2025년부터 신축 건축물은 에너지를 자급자족해야 해요. 멀리서 전기를 끌어오지 않고 사는 거지요. 가능할까요? 에너지 소비를 절반으로 줄이고, 태양광이나 지열을 이용해 마을의 모든 에너지를 스스로 해결하는 건축 설계를 하면 됩니다. 유럽의 나라들은 내년부터 시작한대요. 전기를 더 잘 알아야 하는 이유지요.

● 빅 히스토리, 지금부터 우주 단위로 생각하자

빅뱅부터 생각하는 것이 처음이라서 낯설 수도 있을 거예요. 그럼 이렇게 한번 생각해 봐요. 지구 나이 45억 년을 1년으로 줄여서 보면 어떨까요? 그러면 바다에서 최초의 생명체가 탄생한 것은 2월 26일이고, 생명체가 육지로 올라온 것이 11월 20일이죠. 공룡은 12월 14일에 나타났고, 인간은 12월 31일 밤 11시 45분이 되어서야 등장합니다. 이렇게 단위를 바꾸는 것만으로도 세상이 조금 달라 보이지 않나요?

보통 역사라고 하면 인간을 중심으로 이야기합니다. 인간이 문자로 기록한 시기 이후를 주로 다루죠. 하지만 인간은 지구 위의 수많은 생명체 가운데 하나일 뿐입니다. 세상의 역사는 인간이 존재하기 훨씬 오래 전부터 존재해 왔죠. 그것들이 우리와 무슨 상관 있냐고요? 이 책에서 보셨듯이 우리가 사용하는 전기조차 그 근원을 찾아가 보면 우주의 시작인 빅뱅에 도달하잖아요. 빅 히스토리는 우주의 시작부터 인간의 역사를 생각해 보는 것입니다.

빅 히스토리는 인간과 우주, 인문학과 과학을 동시에 살펴보는 종합적인 공부라서 어려울 수도 있겠지만, 오히려 우리 어린이들은 이렇게 보는 것이 쉬울 수도 있어요. 어린이들은 상상력이 뛰어나니까요.

● **빅뱅을 어떻게 알아냈을까**

물리학자뿐만 아니라 사람들은 세상의 시작을 궁금해 하지요. 이제 우리는 답을 알아요. 우주는 138억 년 전 빅뱅으로 시작되었죠. 그 이후 지금까지 계속해서 팽창하고 있어요. 이걸 어떻게 알았을까요?

물리학자들이 직접 과거로 가서 본 것은 아니에요. 과거에 빅뱅이 있었다면 지금 있어야 하는 증거들을 찾은 거지요. 예를 들어 지금 우주의 은하들은 서로 멀어지고 있습니다. 모든 은하가 서로 멀어지죠. 이것은 무슨 뜻일까요? 물리학자들은 이것을 우주가 팽창한다고 이해합니다. 우주가 줄곧 팽창해 왔다면 과거엔 한 점에 모여 있었을 수밖에 없겠죠. 사실 증거는 이것 말고도 많습니다. 우주 어디에나 존재하는 약한 빛이 있는데 이것도 빅뱅이 있었어야지만 존재할 수 있죠. 이 빛을 '우주배경복사'라고 불러요. 이 빛을 발견한 과학자들에게 노벨 물리학상이 주어졌죠. 이러한 증거들을 보고, 물리학자들은 빅뱅으로 우주가 시작되었다고 믿는 거예요.

빅뱅 이전에는 무엇이 있었냐고요? 아무도 몰라요. 텅 빈 공간이 있었던 것이 아니에요. 빅뱅 이전에는 심지어 시간과 공간도 없었죠. 상상하기 어렵지요? 사실 저 같은 물리학자도 완벽히 이해하지는 못합니다. 아무튼 우주는 지금도 팽창하고 있고, 영원히 팽창할 거라 예상하고 있습니다.

역사는 인간을 중심으로만 생각하면 안 됩니다. 우주의 시작인 빅뱅으로부터 역사를 볼 때 세상을 이해하는 생각의 폭이 훨씬 넓어질 거예요.

● 틀리지만 틀리지 않은 빅뱅 그림

　빅뱅은 갑자기 한순간에 일어났습니다. 엄청난 일이 일어났을 때 사람들은 큰 소리가 났을 거라고 상상합니다. 하지만 소리는 없었습니다. 우주가 팽창하기 시작했을 뿐입니다. 우주는 처음에 우리가 상상할 수 없을 정도로 뜨거웠습니다. 아직은 무엇이 될지 예측할 수 없는 채 물질과 시공간이 나타난 것이죠. 급팽창이 일어나 말 그대로 우주는 급격히 커졌고, 온도는 조금씩 떨어졌고, 우리가 아는 수소와 같은 물질들이 생겨났습니다.

　빅뱅은 우주 탄생을 부르는 이름입니다. 잘 알려진 것처럼 처음 이 이론을 믿지 않던 과학자가 비아냥거리며 부른 별명이 이름이 되었어요. 왜 과학자마저 믿지 않았을까요? 렌즈 지름이 수십 미터인 거대한 망원경으로도 관측이 어려운 넓고 큰 우주가 작은 콩알만 한 크기에서 '크게 꽝(Big Bang)!' 하고 시작했다니, 그리고 콩알보다 작은 점 하나에 우주의 물질이 모두 들어 있었다니 믿기 어려웠지요.

　현재 우리가 상식처럼 알고 있는 대부분의 과학 이론을 처음부터 모든 이가 받아들인 것은 아니었어요. 기존에 알던 것을 바꾸는 것은 누구나 쉽지 않은 일입니다. 400~500년 전만 해도 지구가 우주의 중심이라고 거의 모든 사람이 믿었습니다.

　빅뱅 이론을 과학자들이 받아들인 것은 채 50년밖에 되지 않았습니다. 이 그림에서 나온 '꽈앙'이라는 소리는 엄청난 대폭발을 표현하는 것이지 실제로 있었던 소리는 아닙니다. 현재에서 빅뱅으로 거슬러 올라가는 시간 여행도 불가능하지요. 엄밀하게 말하자면 틀렸다고 할 수도 있지만, 그 핵심 내용은 틀리지 않았습니다. 우주의 모든 것은 움직이고 있어요. 우리 몸속 눈에 보이지 않는 작은 원자도 쉼 없이 움직이고 있고, 빅뱅 이후 우주도 쉼 없이 움직이며 별이 태어나기도 하고 사라지기도 하지요. 물리학자들은 빅뱅과 우주의 모습을 실험 장치로 관측하고 수학으로 계산해 내지요. 이 그림은 그렇게 알아낸 사실을 바탕으로 그린 거니까 틀린 것은 아니에요.

● **질문하고, 과학적으로 답을 찾으세요. 그러면 행복해질 겁니다.**

이 책을 읽으면서 혹시나 시간 여행을 하고 싶어진 친구들이 있을지도 모르겠어요. 과거로 가는 시간 여행 말이에요. 저도 과거로 가서 살아 움직이는 공룡을 보고 싶어요. 하지만 물리적으로 과거로 가보는 것은 불가능해요. 왜 그러냐고요? 시간은 방향이 정해져 있거든요. 앞으로만 향해서 흘러요. 물리 공부를 하면 시간이 앞으로만 가는 까닭을 알게 될 거예요.

여행과 공부를 마칠 시간이네요. 우리 일상생활이 빅뱅과 연결되어 있다는 것을 알려주는 재미난 여행이었어요. 사람들은 자신이 알게 된 지식을 서로 나누며 살아왔어요. 이 책을 쓴 까닭도 물리 공부를 시작하려는 어린이 친구들과 지식을 나누기 위한 것입니다.

항상 질문하세요. "전기는 어디서 왔을까?"처럼요. 그리고 과학적으로 답을 찾아가세요. 때로 상상력이 필요할 때도 있습니다. 석탄은 3억 년 전 식물의 몸뚱이였다는 상상력 말이에요. 이렇게 질문하고 답을 찾아가다 보면 어느새 이 우주의 신비를 알게 될 거예요. 과학자는 인간의 가장 행복한 상태라는 말이 있습니다. 어린이 여러분도 과학을 앎으로써 행복해지길 바라요.

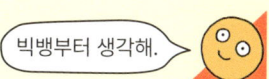

빅뱅부터 생각해.

빅 히스토리로 시작하는 물리 공부
빅뱅 여행을 시작해!

1쇄 2018년 7월 19일 펴냄
2쇄 2021년 12월 21일

글 _ 김상욱
그림 _ 김진혁
기획 _ 노정임
디자인 _ 토가 김선태
인쇄·제본 _ 갑우문화사

펴낸곳 _ (도서출판) 아이들은자연이다
등록번호 _ 제2013-000006호(2013년 1월 17일)
주소 _ 서울 양천구 목동서로 37, 908호
전화 _ 02-332-3887
전송 _ 0303-3447-1021
전자우편 _ aja0388@hanmail.net
블로그 _ blog.daum.net/aja0388

© 김상욱, 김진혁, 노정임 2018

ISBN 979-11-88236-08-4   77400

* 잘못 만들어진 책은 구입하신 곳에서 교환해 드립니다.
* 책값은 뒤표지에 있습니다.

아이들은자연이다(아자) 출판사 이름에는 현재 우리 아이들과, 한때 아이였던 모든 이들이 건강한 자연의 에너지를 담뿍 안고 있음을 잊지 않으며 책을 만들겠다는 마음을 담았습니다. 사람과 자연을 이해하고 응원하는 책을 만들기 위해 노력합니다.

어린이제품 안전특별법에 의한 기타 표시

제조자명 아이들은자연이다 | **제조국명** 대한민국 | **제조년월** 2021년 12월 | **사용연령** 8세 이상
전화번호 02-332-3887 | **주소** 07984 서울시 양천구 목동서로 37, 908호
주의사항 종이에 베이거나 긁히지 않도록 조심하세요. 책 모서리가 날카로우니 던지거나 떨어뜨리지 마세요.

생각의 소근육을 키우는 빨래판 과학책

내 생활에서 시작하는 어린이 교양 과학.
과학의 즐거움을 나누고자 아이들은자연이다 출판사에서 만드는
10살부터 읽는 과학책 시리즈입니다.

우리는 물이야
빅 히스토리로 시작하는
화학 공부

이정모 지음 | 김진혁 그림